AF230188

DOCUMENTS SUR LES ÉVÉNEMENTS DE 1870-71

TROCHU

ET

PALIKAO

—

DISCOURS DU GÉNÉRAL TROCHU

Lettre du général comte de Palikao

PARIS

LIBRAIRIE DES BIBLIOPHILES

Rue Saint-Honoré, 338

—

M DCCC LXXI

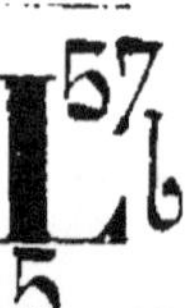

DOCUMENTS

SUR LES ÉVÉNEMENTS DE 1870-1871

TROCHU & PALIKAO

TROCHU

ET

PALIKAO

EXTRAIT DU DISCOURS DU GÉNÉRAL TROCHU
SUR LES ÉVÉNEMENTS DE 1870-71

LETTRE DU GÉNÉRAL COMTE DE PALIKAO

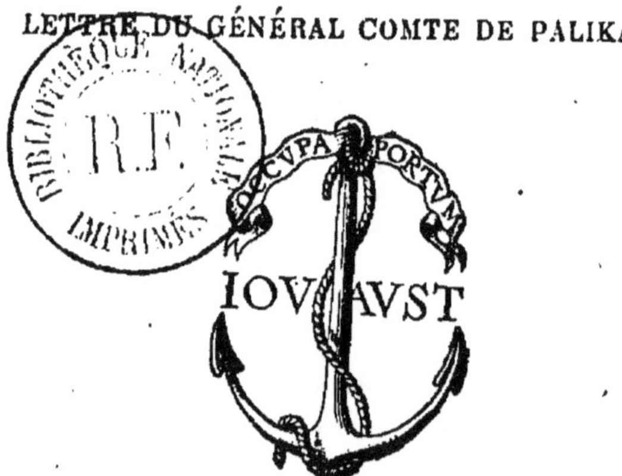

PARIS

LIBRAIRIE DES BIBLIOPHILES

RUE SAINT-HONORÉ, 338

1871

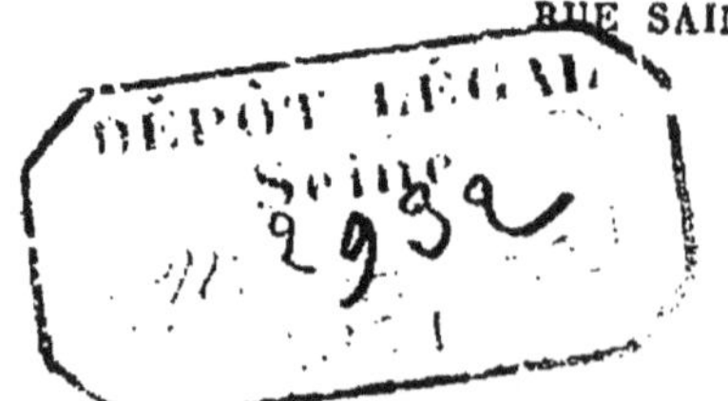

Nous avons cru devoir mettre ici en regard deux documents qui nous ont paru fort importants pour l'histoire des événements de septembre 1870. L'un et l'autre se distinguent par une grande allure de loyauté, et s'expliquent mutuellement bien plus encore qu'ils ne se contredisent. Nous laissons au lecteur le soin de tirer des points sur lesquels ils diffèrent telle conclusion qu'il voudra. Dans une appréciation de ce genre, il y a, selon nous, quelque chose qui vaut beaucoup mieux que l'opinion de quelqu'un : c'est l'opinion de chacun.

EXTRAIT

DU

DISCOURS DU GÉNÉRAL TROCHU

A LA SÉANCE DE L'ASSEMBLÉE NATIONALE

DU 13 JUIN 1871

LE
GÉNÉRAL TROCHU

ASSEMBLÉE NATIONALE

(SÉANCE DU 13 JUIN 1871)

M. LE GÉNÉRAL TROCHU. . . . .

Au commencement du mois d'août j'étais à Paris, seul entre tous les généraux de l'armée attendant une destination, quand arrivèrent les douloureuses nouvelles des événements de Wissembourg, de Reischoffen et de Forbach.

A ce moment, messieurs, j'entrevis les conséquences redoutables qu'aurait, pour les armées restées autour de Metz, un effort trop longtemps continué sur ce point ; j'aperçus en même temps l'importance du siége de Paris, et je cherchai à faire arriver ce sentiment jusqu'à l'empereur, par un des officiers les plus autorisés de son entourage. .

J'écrivis une lettre dont je vous demande la permission de vous donner lecture, parce qu'elle présente la question militaire sous un aspect d'ensemble qui montre à quel point la situation se serait améliorée si l'armée du maréchal Bazaine s'était repliée de Metz sur Paris :

« Si haute que soit l'importance des événements qui paraissent devoir se passer entre Metz et Nancy, celle des événements complémentaires qui pourront se passer à Paris, au double point de vue politique et militaire, n'est pas moindre. Il y a là, vous le croirez sans peine, des périls spéciaux qui peuvent faire explosion d'un jour à l'autre, par suite de la tension infinie de la situation ; quand l'ennemi viendra déployer ses masses autour de la capitale, il faut la défendre à tout prix, avec le concours de l'esprit public, qu'il s'agira d'entraîner dans le sens du patriotisme et des grands efforts.

« Si cette défense est active et vigilante, si l'esprit public tient ferme, l'ennemi se repentira de s'être engagé si loin dans le cœur du pays.

« Dans cette idée, j'exprime l'opinion dont le développement suit : le siége de Paris peut être longuement disputé, à la condition, nécessaire pour tous les siéges, impérieusement nécessaire pour celui-là, que la lutte soit appuyée par une armée de secours. Son objet serait d'appeler à elle tous les groupes qui seraient ultérieurement organisés dans le pays, d'agir par des attaques répétées contre l'armée prussienne, qui serait par

suite incapable d'un investissement complet, et de
protéger les chemins de fer et les grandes voies
du sud par lesquelles se ferait l'approvisionne-
ment de la ville.

« Cette armée de secours existe, dit-on au ministère. Mais ce sont là de futurs contingents tout
aussi incertains que ce qu'on a espéré des régiments de marche, que ce qu'on a espéré des régiments de mobiles, qui peuvent être et seront d'un
grand secours plus tard, mais non pas dans le
moment présent et immédiat.

« Je crois qu'il faut que l'armée de secours de
Paris soit l'armée qui est réunie devant Metz, et
voici comme je l'entends : le répit que vous donne
l'ennemi veut dire qu'il évacue ses blessés, fait
prendre leur équilibre à ses têtes de colonnes, et
qu'il opère sa concentration définitive. Elle com-
prendra trois armées, dont l'une au moins aura
la mission de vous tourner. L'effort lui coûtera
cher ; mais il sera soutenu par des forces consi-
dérables et incessamment renouvelées. Si vous
tenez trop longtemps ferme devant Metz, il en
sera de cette armée, qui est le dernier espoir de
la France, comme il en a été du premier corps
qui a péri après de si magnifiques preuves. Je
crois qu'il faut que cette armée de Metz étudie
soigneusement et prépare la ligne d'une retraite
échelonnée sur Paris, les têtes de colonnes livrant
bataille sans s'engager à fond et arrivant à Paris

avec des effectifs qui devront suffire pour remplir l'objet de premier ordre que j'ai indiqué; nous ferons ici le reste.

« Adieu, bon courage et bon espoir! »

Quelques membres. La date?

M. LE GÉNÉRAL TROCHU. Le 10 août 1870.

Si j'ai cité cette lettre, messieurs, c'est qu'elle a le caractère d'authenticité par les circonstances que voici : elle fut lue au cercle des officiers généraux qui entouraient l'empereur et approuvée unanimement; elle fut portée à l'empereur, qui l'approuva également, et des ordres étaient déjà donnés, quand les avis de Paris exprimèrent que cette retraite serait pleine de périls politiques, et l'armée de Metz resta dans la situation où elle a péri.

Je vous fais ce récit pour établir que l'idée première du siége de Paris reposait sur l'existence d'une armée de secours; que cette armée de secours aurait été l'excellente armée du maréchal Bazaine, de 150,000 hommes, à laquelle se serait jointe à l'armée du maréchal Mac-Mahon, de 100,000 hommes, ce qui aurait fait 250,000 hommes autour de Paris, qui aurait été le grand point d'appui de tous leurs efforts. Paris, dans ces conditions, n'aurait pu être investi, aurait indéfiniment tenu tête à l'ennemi. C'était peut-être la France sauvée. (*Oui! oui!*)

Et ce que j'ai voulu exprimer, c'est que cette armée manquant à Paris, c'était Paris gravement compromis. (*C'est vrai ! — Très-bien !*)

Désigné par le ministre de la guerre pour prendre le commandement du 12ᵉ corps, qui s'organisait après coup au camp de Châlons, avec l'infanterie de marine, des régiments de marche et les mobiles de Paris, j'arrivai à la gare de Châlons le 16 août au soir, et à la même heure, à la même minute, le train impérial venant de Metz y arrivait aussi

Les officiers qui entouraient l'empereur me racontèrent que la sécurité du train avait été un instant compromise entre Metz et Verdun, par suite du voisinage des colonnes ennemies.

Ainsi, à la date dont je parle, le mouvement tournant que j'avais redouté et annoncé était à peu près effectué ou s'effectuait.

Le lendemain, messieurs, le 17 août, il y eut une conférence chez l'empereur à laquelle je fus appelé. Et ici commence l'histoire très-peu connue du siége de Paris.

J'ai dit que, dans l'exposé que vous voulez bien entendre, je n'exprimerais pas un fait qui ne fût confirmé par des témoins ou par des actes écrits.

A cette conférence assistaient l'empereur, le prince Napoléon, le maréchal Mac-Mahon, le général Bertault, commandant des mobiles de la

Seine, le général Schmitz, chef d'état-major général du 12e corps, et le général Trochu.

Je crois me rappeler que, pendant la conférence, le général de Courson, préfet du palais, entra et demeura.

L'empereur demanda à ce petit conseil de guerre ce qu'il pensait de la situation et ce qu'il convenait de faire dans la situation.

A l'unanimité, par l'organe du prince Napoléon, qui parla le premier avec un esprit très-ferme, et aussi par mon organe, la conférence exprima textuellement ce que je vais dire :

« L'empereur a abandonné le gouvernement en allant prendre au loin le commandement de son armée ; il vient d'abandonner le commandement et de le remettre aux mains du maréchal Bazaine. Il est seul au camp de Châlons, sans armée. En fait, il a abdiqué le gouvernement et le commandement. S'il ne veut pas abdiquer tout à fait, il faut qu'il reprenne ou le gouvernement ou le commandement. »

L'empereur reconnut que cet exposé était conforme à la réalité des faits. La conférence ajouta qu'il lui semblait impossible que l'empereur reprît le commandement, et que, dans ce cas, il ne lui restait plus qu'à ressaisir d'une main ferme le gouvernement.

L'empereur adopta ces vues.

Le prince Napoléon ajouta que, pour que l'empereur reprît le gouvernement avec quelque sécurité, il fallait qu'il fût au préalable annoncé à la population de Paris par un officier général qui l'y précéderait, prendrait le commandement, et préparerait moralement et militairement son arrivée ; qu'enfin, par suite de circonstances que le prince indiqua, j'étais l'homme expressément désigné à remplir cette mission difficile.

L'empereur, se tournant vers moi, me demanda s'il me convenait de remplir cette mission. Je lui répondis : « Sire, dans la situation pleine de périls où est le pays, une révolution le précipiterait dans l'abîme. Tout ce qui pourra être fait pour éviter une révolution, je le ferai. Vous me demandez d'aller à Paris, de vous y annoncer, de prendre le commandement en chef, je ferai tout cela ; mais il est bien entendu que l'armée du maréchal Mac-Mahon va devenir l'armée de secours de Paris, car nous allons à un siége. »

L'empereur acquiesça ; le maréchal Mac-Mahon avait déjà déclaré qu'il croyait que c'était là la véritable destination de son armée.

Cette conférence fut levée à onze heures et demie. Elle avait abouti à la convention dont voici les termes :

« Le général Trochu, nommé gouverneur de Paris et commandant en chef, partira immédiatement pour Paris ; il y précédera l'empereur de

quelques heures. Le maréchal Mac-Mahon se diri-
gera avec son armée sur Paris. »

Et je recevais, à cette occasion, l'ordre que
voici :

« Mon cher général,

« Je vous nomme gouverneur de Paris et commandant en chef de toutes les forces chargées de
pourvoir à la défense de la capitale. Dès mon arrivée à Paris, vous recevrez notification du décret
qui vous investit de ces fonctions ; mais, d'ici là,
prenez sans délai toutes les dispositions nécessaires pour accomplir votre mission.

« Recevez, mon cher général, l'assurance de
mes sentiments d'amitié.

« NAPOLÉON. »

Cette nuit-là, messieurs, dans la nuit du 18, j'arrivai aux Tuileries, auprès de l'impératrice régente. Je la trouvai pleine de fermeté, pleine de
courage, mais exaltée et défiante de moi. (Mouvement.)

« Général, me dit-elle, — et je cite textuellement, — les ennemis seuls de l'empereur ont pu
lui conseiller ce retour à Paris. Il ne rentrerait pas
vivant aux Tuileries. .

— Madame, lui dis-je, je suis donc des ennemis de l'empereur? J'ai contribué avec le prince
Napoléon, avec le maréchal Mac-Mahon, avec tous
les généraux qui formaient hier la conférence de
Châlons, à faire considérer le retour de l'empereur
comme un acte de virilité gouvernementale qui
pouvait écarter une révolution. J'ai accepté le
mandat, plein de périls pour moi-même, et assu-
rément imprévu, eu égard à mes précédents, de
venir annoncer ici l'empereur à la population de
Paris. L'armée du maréchal Mac-Mahon vient à
Paris; il va se former ici un gouvernement de défense pour sauver le pays dans la crise effroyable
où il est.

— Non, général, l'empereur ne viendra pas à
Paris, il restera à Châlons.

— Mais alors, madame, la convention en vertu
de laquelle je viens ici n'a plus cours. L'empereur
m'envoyait pour le défendre, et il ne me suit pas.

— Vous défendrez Paris; vous remplirez votre mission sans l'empereur. »

Et en effet, messieurs, je venais à Paris avec
l'ardente passion, fort ancienne dans mon esprit,
— je vous l'ai montré par la lettre que j'ai eu l'honneur de vous lire, — de défendre Paris. J'étais dé-
cidé, dans ce but, à ne reculer devant aucune
amertume, devant aucun sacrifice.

« Madame, je défendrai Paris sans l'empereur,
et j'apporte ici la proclamation par laquelle j'an-

nonce à la population que je suis nommé gouverneur et commandant en chef pour le siége. »

Cette proclamation commençait ainsi :

« Devant les périls qui menacent le pays, l'empereur m'a nommé gouverneur de la capitale en état de siége... »

« Général, me dit l'impératrice régente, il ne faut pas que le nom de l'empereur figure dans une proclamation à l'heure présente. — Mais, madame, je représente l'empereur; j'ai dit que je venais le défendre; je ne puis pas parler à la population sans mettre l'empereur devant moi et dire que c'est par son ordre que je viens défendre la capitale. — Non, général, il y a, croyez-moi, des inconvénients, dans l'état des esprits à Paris, à laisser subsister cette indication. »

Et l'indication disparut.

Messieurs, ce fait est considérable pour moi, parce qu'il prouve que je remplissais avec une loyale fidélité le mandat que j'avais reçu, quoique la principale condition n'en fût pas tenue, et que j'ai été, parmi les serviteurs de l'empereur, l'un des derniers qui ait voulu que son nom restât dans les actes publics. (Chuchotements sur divers bancs.)

Je me présentai devant le ministre de la guerre. Il me reçut mal. Il me déclara qu'il était, devant le Corps législatif, en possession d'une situation, d'une autorité, qui lui permettaient de conduire utilement les difficiles affaires du moment; que dans cette situation j'allais apporter le trouble.

Je lui répondis que je faisais un acte de dévouement et de sacrifice, que je le faisais parce qu'on me l'avait demandé, que je le faisais avec la ferme intention de remplir loyalement ma mission jusqu'au bout; que cette mission consistait à défendre Paris, qui allait devenir défendable, parce que la place serait soutenue par l'armée du maréchal Mac-Mahon.

Le ministre se récria. Il dit que l'armée du maréchal Mac-Mahon ne viendrait pas à Paris; qu'au contraire, de tous les points de la France, et de Paris en particulier, partiraient pour le théâtre des opérations toutes les troupes, tout le matériel, qui pourraient être réunis; que ces troupes, que ce matériel, formant de nouvelles divisions, apporteraient à l'armée en péril un appoint qui la ferait sortir de ce péril.

Je combattis avec toute l'énergie dont j'étais capable ces résolutions. Je dis au ministre que tout ce qui serait expédié vers le théâtre des opérations, les hommes et le matériel, irait disparaître dans le gouffre commun; que Paris, dans les circonstances présentes, était le véritable centre de la défense nationale, et que c'était là qu'il fallait réunir toutes les forces disponibles.

Je me séparai du ministre de la guerre dans un état de dissentiment profond avec lui, dissentiment qui ne fit qu'augmenter tous les jours.

Je dois dire ici que je n'incrimine en aucune façon, ni directement ni indirectement, les intentions du général Palikao : il était pénétré de ses vues, j'étais pénétré des miennes; nous étions en désaccord. (Mouvement.)

Le conseil de l'impératrice était composé de ministres, du conseil privé, du président du Corps égislatif, du président du Sénat. Là je rencontrai de nouveau, et plus qu'auparavant, de grandes défiances : ma loyauté, ma sincérité, ne suffisaient pas à désarmer ceux qui me les montraient, et un jour, interpellé sur la question de savoir comment j'entendais, en cas d'insurrection, défendre le Corps législatif et les Tuileries, je répondis : « L'empire est à la merci d'un nouveau désastre militaire. Si ce désastre se produit, ne comptez pas que vous puissiez, ayant perdu une quatrième bataille devant l'ennemi, en gagner une dans Paris. Il faut, par l'autorité morale, empêcher tout conflit. L'autorité morale dont je dispose, je l'offre au gouvernement, convaincu qu'il ne peut pas compter sur les baïonnettes pour le soutenir. Je vous en prie, croyez-moi, laissez-moi écarter par des effets d'ordre moral la possibilité de ce conflit. Aussi bien, vous n'avez pas de garnison. »

En effet, le 14e corps, qui était la véritable garnison de Paris, venait d'être dirigé vers le théâtre de la guerre. Il ne restait plus à Paris que le 13e corps, qui était en voie de formation, un corps absolument improvisé.

Cette déclaration fut le commencement de ma grande disgrâce. Le président du Corps législatif, le président du Sénat, et l'impératrice après eux, virent dans cette déclaration une justification de leurs défiances.

On dit que je ne voulais pas combattre; on dit qu'il y avait certainement possibilité, dans les circonstances présentes, de défendre l'Assemblée, de défendre les Tuileries. Je répondis que je ne laisserais échapper aucun moyen militaire d'atteindre ce but, mais qu'il ne fallait pas compter que les troupes de Paris, aussi troublées que la population par la nouvelle des désastres de l'Est, voulussent combattre. Et c'était la vérité, messieurs, la vérité qui se reproduit toujours dans les mêmes circonstances, qui s'est reproduite dans Paris depuis, et que vous-mêmes avez éprouvée le 18 mars.

A partir de cette crise, car ce fut une crise, je ne fus plus appelé dans les conseils du gouvernement; je m'aperçus que le département de la guerre n'avait plus de relations avec moi, et, un jour, à mon grand étonnement, à ma grande indignation, je constatai qu'un Prussien, arrêté bien en dehors des lignes, sur la Loire, du côté de Gien, allait être fusillé; que, par conséquent, son procès avait été instruit, et les ordres donnés pour l'exécution, sans que moi, gouverneur de Paris, responsable de la justice militaire dans l'état de siége, j'eusse été informé. Je me rendis au conseil; je déclarai que, malgré tout mon dévouement, malgré ma résolution de ne pas me retirer, j'y allais être forcé ; — qu'évidemment les ordres du ministre passaient par-dessus moi.

Le conseil parut me donner raison, et le ministre de la guerre, se levant, offrit sa démission et sortit. Il fallut un grand effort de l'impératrice régente pour ramener le général Palikao, pour concilier les difficultés d'une situation si violemment tendue.

Le 3 septembre, j'avais acquis, par des faits de même nature, moins importants cependant, la certitude nouvelle que le ministre de la guerre avait cessé toute espèce de relations avec moi, à ce point que je n'étais pas même informé des progrès de la marche de l'ennemi. Je fus dans le cas, — un acte officiel qui est là le constate, — de réclamer au ministre de la guerre les avis de la marche des Prussiens, qui s'avançaient vers Paris en faisant cinq lieues par jour : je ne le savais que par les journaux.

A cette époque, mes journées tout entières se passaient aux fortifications ; nous étions, eu égard à l'arrivée prochaine de l'ennemi, dans les conditions de retard les plus inquiétantes. -

Le 3 au soir, en revenant des forts du Sud, un officier général, me voyant passer à cheval dans la rue, la nuit, m'arrêta et me dit : « Un grand désastre à Sedan ! La nouvelle en est arrivée cette après-midi à Paris ! L'agitation est au comble ! »

Je hâtai mon retour vers le Louvre, où m'attendaient mes officiers ; j'avais des ordres à donner pour prévenir les résultats possibles de cette crise prévue. Là, messieurs, je rencontrai un document qui est d'origine providentielle, car il ne m'était pas dû. C'est à la loyauté d'un officier général, le général Soumain, commandant la 1re division militaire, très-honorablement connu dans l'armée, que je le dois, et sans lui je ne pourrais pas constater autrement que par mes affirmations personnelles le fait que je vais dire. Cette lettre est officielle, elle m'attendait sur mon bureau, et elle prouve que depuis longtemps, ainsi que j'en avais le sentiment, j'avais perdu le commandement de l'armée de Paris, qui était effectivement dirigée par le ministre de la guerre.

« Mon général,

« Le ministre de la guerre vient de m'adresser une lettre par laquelle, en prévision des manifestations contraires à l'ordre qui pourraient avoir lieu ce soir dans Paris, il me prescrit de prendre immédiatement les dispositions nécessaires pour réprimer toute tentative de désordre.

« Je m'empresse d'avoir l'honneur de vous en informer.... (c'était mon sous-ordre qui m'informait).... en vous faisant connaître que, dans chaque caserne, il y a un bataillon prêt à marcher ; les deux bataillons de gendarmerie à pied et deux escadrons du régiment de gendarmerie à cheval, casernés au Palais de l'Industrie, doivent également se tenir prêts. Je n'ai reçu aucun avis de M. le préfet de la Seine, à qui je viens d'envoyer un officier pour être renseigné sur la situation.

« Le bataillon de garde au Corps législatif y a été maintenu, et il a reçu des vivres par les soins de M. le président Schneider.

« Le général Mellinet (qui était aux Tuileries sans que je le susse) a été prévenu, ainsi que le général commandant le 14e corps, des dispositions que j'ai prises. »

Je n'ai jamais parlé de cette lettre au général Soumain. J'étais bien loin de prévoir qu'on m'accuserait de n'avoir pas pris toutes les dispositions nécessaires pour sauvegarder l'Assemblée, qu'on m'accuserait d'avoir pris, au contraire, toutes les dispositions nécessaires pour qu'elle ne fût pas sauvegardée, car on a été jusque-là ! (C'est vrai ! c'est vrai !)

Oui, cette lettre que j'appelle providentielle, qui

est du 3 septembre, que j'ai trouvée et lue chez moi, en présence de tous mes officiers, qui en furent frappés comme moi et me pressèrent de donner ma démission ; cette lettre attestait que j'étais la victime de dispositions contraires aux principes du commandement, et qui avaient pour origine le peu de confiance que j'inspirais.

Il est constaté par la succession des faits que je vous ai exposés, par cette lettre, qui est officielle, et qui a été arrachée par le sentiment de l'honneur militaire à l'un de mes subordonnés, que tous les ordres, pendant cette crise, ont été donnés en dehors de moi. (Mouvement. — Très-bien ! très bien !)

M. Charles Rolland. Très-bien ! c'est très-important.

M. le général Trochu. Et ce que je dis là, messieurs, pour la troupe, je le dis pour la garde nationale. La garde nationale était commandée par un homme loyal et excellent, mon vieil ami le général de La Motterouge, que j'avais mis à sa tête depuis quelques jours. Le général de La Motterouge ne m'a pas écrit, je ne l'ai pas vu ce jour-là ; mais il dira que les choses se sont passées pour la garde nationale comme pour les troupes.

Dans la matinée, je me rendis aux Tuileries. Je vis l'impératrice-régente, entourée de beaucoup de personnes inquiètes. Elle-même était calme. Je lui dis ces courtes paroles : « Madame, voilà l'heure des grands périls. Il se passe ici des choses étranges ; ce n'est pas l'heure d'en parler, ce n'est pas l'heure de récriminer ; je reste à mon poste et je ne vous abandonnerai pas ; mais soyez sûre que la crise est profonde, soyez sûre que ce que j'ai dit au conseil l'autre jour était la vérité. »

Dans l'après-midi, je ne reçus ni du ministre, ni des Tuileries, ni d'aucun des points d'où je pouvais recevoir des ordres ou des avis, aucun ordre, aucun avis.

Vers une heure de l'après-midi, le général Lebreton, questeur du Corps législatif, se présenta à moi inopinément ; il était plein d'une légitime émotion, et me tint ce langage ; — je vois ici le digne général Lebreton (les regards de l'Assemblée se portent vers la tribune des anciens députés, où est assis M. le général Lebreton), il me contrôlera : — « Général, le péril est à son comble, une foule immense se presse sur les quais et va envahir la Chambre ; les troupes se sont laissé immédiatement pénétrer par la multitude. Vous seul, par un effort personnel, pourriez peut-être écarter ce péril. »

Je répondis au général Lebreton : « Général, je suis ici la victime d'une situation sans précédents. En fait, je ne commande rien ; en fait, les troupes que vous avez vues ont été postées par des ordres qui ne sont pas les miens. »

Messieurs, je ne veux pas dire que, si j'avais donné ces ordres, la situation eût été différente ; je ne veux pas dire que, si j'avais exercé réellement le commandement, l'événement eût tourné autrement : je suis convaincu du contraire. (Très-bien ! très-bien !)

M. Jules Simon, *ministre de l'instruction publique*. C'est loyal !

M. le général Trochu. Je veux dire que j'ai été la victime d'une combinaison qui a donné lieu à ces bruits abominables qui, jusqu'à l'heure présente, ont tourné autour de moi, et que j'ai dédaigné d'écarter autrement que devant mes vrais juges, l'Assemblée nationale. (Applaudissements.)

« Vous voulez, général, — dis-je au général Lebreton, — que seul je puisse arrêter un demi-million d'hommes qui se pressent vers l'Assemblée ; cependant, vous savez comme moi, — votre vieille expérience, plus grande que la mienne, sait que c'est complétement impossible. — Un seul homme n'arrête pas une foule en démence ; mais cet effort que vous venez me demander au nom du Corps législatif, sachant bien qu'il ne peut aboutir, je le tenterai néanmoins. »

Dix minutes après, je montais à cheval sous les yeux du général Lebreton, et je partais pour le Corps législatif.

Au moment même, j'envoyai aux Tuileries le général Schmitz, chef de l'état-major général, pour informer l'impératrice de l'effort que j'allais faire.

J'étais accompagné de deux aides de camp. Je traversai facilement la cour du Carrousel, quoiqu'elle fût pleine de monde, parce que personne n'en voulait aux Tuileries; mais, arrivé au guichet, pénétrant très-laborieusement au milieu de cette foule immense qui commençait au Pont-Neuf et allait au delà des Champs-Élysées, je fus le témoin, affligé et effrayé, d'un spectacle que je n'avais jamais vu jusque-là, quoique j'eusse été présent à la révolution de 1830 et à la révolution de 1848. Une multitude immense d'hommes, de femmes, d'enfants, absolument sans armes, irritée, effrayée, bienveillante, menaçante, s'agitait autour de moi et m'empêchait absolument d'avancer; des hommes à figures sinistres dix fois se jetèrent sur mon cheval, le saisirent par la bride, et me dirent: « Crie : Vive la sociale! » (Mouvement.)

Oui! « Vive la sociale! » Mes souvenirs sont très-précis. Je leur dis : « Je ne crierai pas! je ne crierai rien! Vous voulez enchaîner ma liberté, vous ne l'enchaînerez pas! » Et en même temps, d'autres hommes, comprenant mon effort et ma situation, s'écriaient: « Il a raison! » (Très-bien! très-bien!)

J'arrivai ainsi, messieurs, après plus d'une heure de lutte, foulant aux pieds à chaque instant, quoi que je fisse, cette foule qui me pressait, j'arrivai à l'angle du pont de Solférino. Là, je dus m'arrêter absolument, ayant perdu mes deux aides de camp, qui étaient loin, et comme figé dans cette multitude : il ne m'était plus possible d'avancer, plus possible de reculer.

Je parlementais, cherchant à m'ouvrir un passage. Un homme de grande taille parvint jusqu'à moi ; je ne le connaissais pas ; il était très-ému ; il me dit : « Général, où donc allez-vous ? — Je vais tâcher de sauver le Corps légistatif. — A l'heure qu'il est, le Corps législatif est envahi ; j'y étais, je vous l'affirme : je suis M. Jules Favre ! » (Mouvement.)

M. Jules Favre ajouta : « Voilà le comble du désastre ! Nous avons une révolution qui se consomme au milieu de la défaite des armées, et soyez sûr que la démagogie, qui voudra en bénéficier, jettera la France dans l'abîme si nous ne nous y opposons. Quant à moi, je vais à l'Hôtel de ville, et c'est là que doivent se rendre les hommes qui entendent contribuer à sauver le pays. »

Je lui répondis : « Monsieur, je ne puis prendre à présent une telle résolution. »

Et nous nous quittâmes.

Ce n'est que très-tard, une heure après, que je

pus arriver dans la cour du Louvre et rentrer à l'hôtel.

Pendant que ces événements se passaient, l'impératrice avait quitté les Tuileries. Le général Schmitz, que j'avais envoyé auprès d'elle, ne l'y avait plus rencontrée et avait été reçu par le vice-amiral Jurien la Gravière, resté au palais. Les historiographes officiels, dont j'ai lu bien souvent les récits à ce sujet, disent le plus ordinairement : « Les principaux fonctionnaires de l'État se pressaient autour de l'impératrice pour prendre congé d'elle ; seul le général Trochu ne parut pas. »

Non ! je ne parus pas ! Je ne parus pas, parce que, à cette heure-là même, au lieu d'aller présenter mes compliments de condoléance et mes respects à l'impératrice, j'étais allé défendre le Corps législatif, personnellement, par un effort qui devait être impuissant, je le répète, mais que j'avais le devoir de tenter après l'avis que m'avait donné mon digne collègue le général Lebreton. (Très-bien ! très-bien !)

Je poursuis, et j'arrive très-rapidement à la fin de cette journée fatale.

Plusieurs membres. Reposez-vous ! reposez-vous !

M. LE PRÉSIDENT. Voulez-vous prendre du repos, général ?

M. LE GÉNÉRAL TROCHU. Messieurs, je vous ai demandé votre bienveillance; permettez-moi maintenant de vous demander votre patience. (Parlez! parlez!)

Peu après mon retour au Louvre, un groupe de personnes que je ne connaissais pas se présenta à moi.

« Je suis, me dit la personne qui le conduisait, M. Steenackers, député... (Sourires et chuchotements.) Je suis envoyé vers vous avec ces messieurs pour vous dire qu'il se passe à l'Hôtel de ville un véritable drame : la foule l'entoure; des députés s'y sont réunis pour former un gouvernement provisoire; mais il n'y a pas de troupes, il n'y a pas de soldats, il n'y a pas de sanction, quelles que soient les dispositions qu'on arrête. On a pensé que votre nom serait une sanction et servirait de ralliement aux troupes dispersées dans Paris. »

Je demandai cinq minutes pour voir ma famille; je lui dis : « L'heure de ma croix est venue; j'y vais, c'est mon devoir. Voulez-vous me suivre dans cette voie douloureuse? — Oui, si c'est notre devoir. » Et je partis pour l'Hôtel de ville.

A l'Hôtel de ville, la situation était saisissante.

C'étaient les mêmes foules immenses que celles du matin; mais déjà elles étaient bien plus mêlées. Des cris, — les cris que vous connaissez, — se faisaient entendre plus fréquemment; des interpellations malveillantes, furieuses, arrivaient de divers côtés. Quand il s'agit de pénétrer dans l'Hôtel de ville, ce fut une grande difficulté : les cours, les escaliers, les salons, étaient absolument remplis ; ce fut par la voie détournée de petits degrés inconnus que j'arrivai jusqu'à un cabinet obscur, grand comme six fois cette tribune, où le Gouvernement provisoire, éclairé par une lampe, se tenait. (Légères rumeurs.)

Je ne sais si les hommes que je voyais là pour la première fois, — excepté M. Jules Favre, que j'avais vu le matin même, — je ne sais si ces hommes étaient véritablement des usurpateurs se jetant sur la proie du pouvoir ; je dois dire qu'ils n'en avaient pas l'apparence. (Sourires sur plusieurs bancs.)

Livrés à la plus profonde émotion, ils sentaient, et je sentais moi-même, que nous étions en présence d'un grand péril. Un d'eux me dit : « Général, nous voudrions que, dans cette crise redoutable, le pouvoir ne tombât pas entre les mains de ceux qui sont là... (Mouvement.) A l'heure qu'il est, surpris par la soudaineté de l'événement, ils sont tous réunis, mais ne sont pas encore armés ; ils le seront demain. (Nouveau mouvement.) Si vous consentez à être ministre de la guerre du Gouvernement provisoire, demain à votre nom se rallieront les officiers et les soldats, et il y aura dans Paris une sorte de sanction des dispositions d'ordre qui pourront être prises... »

Je répondis : « Avant de prendre une résolution définitive, je veux aller rendre compte de ce qui se passe ici au ministre de la guerre, mon chef. » Et immédiatement je me rendis au ministère de la guerre, où je trouvai le général Palikao encore présent dans son cabinet. Il était livré à une profonde douleur ; il croyait que son fils, le colonel Montauban, officier de mérite, avait été tué à Sedan. Il me reçut cette fois avec la plus grande cordialité. « Général, me dit-il, la révolution est un fait accompli ; si vous ne prenez pas la direction des affaires, tout sera perdu ; si vous la prenez, tout sera peut-être perdu encore (Mouvement...), mais les soldats vous rallieront. »

Je rentrai à l'Hôtel de ville et je dis au gouvernement provisoire, qui s'était, en mon absence, augmenté d'un membre, M. Rochefort (Ah ! ah ! — Rire prolongé), je dis au gouvernement provisoire : « Si vous voulez que dans cette effroyable crise je sois utile, il faut que je dirige les affaires, — c'était M. Favre qui était président, — il faut que je sois président à sa place. »

Telle est, messieurs, l'histoire très-abrégée du 4 septembre.

LETTRE

DU

GÉNÉRAL COMTE DE PALIKAO

AU PRÉSIDENT DE LA COMMISSION D'ENQUÊTE
SUR LE 4 SEPTEMBRE 1870

LE

GÉNÉRAL PALIKAO

LETTRE

AU PRÉSIDENT DE LA COMMISSION D'ENQUÊTE
SUR LES ÉVÉNEMENTS DU 4 SEPTEMBRE 1870

Monsieur le président,

Je trouve, dans le *Compte rendu officiel* de la séance de l'Assemblée nationale du 13 juin, le discours très-étendu de M. le général Trochu, qui me met en cause dans l'intérêt de sa défense, relativement aux événements du 4 septembre 1870.

Il m'oblige à rompre, à mon grand regret, le silence que je m'étais imposé depuis nos malheurs. J'ai attendu pour le faire que la Commission d'enquête et son président fussent nommés.

Je ne suivrai pas le général Trochu dans la discussion stratégique qu'il a entamée sur la direction à donner à l'armée de Châlons : le général Trochu doit le savoir mieux que personne, les plans que l'on caresse avec le plus d'ardeur ne réussissent pas toujours. Bientôt, par de nombreux arguments et par des exemples tirés de l'histoire passée et contemporaine, je réduirai à néant tout ce qu'il a dit à ce sujet ; aujourd'hui je me bornerai à préciser les faits en contradiction avec certains détails fournis par le général.

Je ne m'arrêterai pas à la conversation que le général a pu avoir avec l'impératrice régente à son retour du camp de Châlons ; je ferai seulement remarquer qu'il eût été de son devoir de se rendre d'abord chez le ministre de la guerre, son chef et par conséquent son intermédiaire hiérarchique auprès de la régente.

Il est vrai que le général, ayant annoncé à l'impératrice qu'il représentait l'empereur, a pu se croire dégagé de son devoir. Je ne viens de connaître sa visite que par le *Journal officiel* du 14 juin.

Le général me reproche d'avoir changé d'attitude vis-à-vis de lui. En effet, et voici pourquoi :

Jusqu'au 7 décembre 1866, j'avais eu très-peu de relations avec le général Trochu ; à cette époque eut lieu à Compiègne la réunion de a commission présidée par l'empereur pour la réorganisation de l'armée.

Le hasard nous plaça l'un près de l'autre ; souvent nos idées furent concordantes, notamment en ce qui touchait la suppression de la loi sur la dotation de l'armée.

J'avais alors la meilleure opinion du général, je l'ai manifestée plus d'une fois.

Bientôt j'ai eu à regretter la publication d'un ouvrage dans lequel il résumait, en partie, plusieurs des opinions émises dans la commission et la sous-commission. Cette divulgation de la part d'un général français n'était pas sans de graves dangers, l'événement a pu le prouver !

Le 10 août je fus appelé à une position que j'étais loin d'avoir ambitionnée ; ainsi que tous mes collègues, je ne l'avais acceptée que par patriotisme ; ce que j'avais demandé, c'était un commandement actif devant l'ennemi. Je ne pus l'obtenir.

Mon premier acte, en arrivant au ministère de la guerre, fut de reconstituer une armée avec le corps isolés et par de nouvelles créations. Il fallait placer à la tête de ces corps d'armée des généraux capables, et mon premier choix se porta sur le général Trochu, que j'appelai au commandement du 12ᵉ corps, le premier créé. Avant de le désigner, je fis prier le général de se rendre au ministère ; je lui fis part de mes intentions à son égard ; il en parut très-satisfait.

Cette nomination surprit quelques personnes, en raison des sentiments politiques qu'elles supposaient au général ; mais j'avais une telle confiance en sa loyauté que, causant avec plusieurs de mes collègues, je leur disais : « S'il arrivait malheur à M. le maréchal Mac-Mahon, le général Trochu prendrait le commandement en chef de toute l'armée de Châlons, comme le plus ancien général commandant un corps d'armée, et je serais tranquille ! »

J'étais donc un ministre de la guerre bienveillant pour le général, et disposé à utiliser ses talents militaires.

Il partit pour le camp de Châlons, et revint bientôt à Paris, en vertu de l'ordre dont il a donné lecture à la Chambre, mais en ramenant avec lui les dix-huit bataillons de gardes mobiles de ce camp.

Quelle part le général a-t-il prise au bouleversement de mes projets, je l'ignore encore.

Je dois avouer que le retour si prompt et si peu prévu de ces bataillons fit naître dans mon esprit un sentiment fâcheux, car ils étaient un des éléments constitutifs du 12e corps d'armée à Châlons.

Chacun sait la bravoure des enfants de Paris devant l'ennemi, et personne n'ignore les dangers que leur présence à Paris devait faire naître ; de telle sorte qu'au lieu de ces dix-huit bataillons qui, dans un cas donné, pouvaient opérer des prodiges et décider le sort d'une bataille, le général ramenait à sa suite une phalange de révolutionnaires appelés à compliquer encore notre situation. En effet, quelques-uns de ces bataillons appartenaient aux plus mauvais quartiers de la capitale ;

c'était autant de moins contre l'ennemi, autant de plus contre l'ordre ; depuis, l'expérience en a été durement faite sous les yeux du général Trochu lui-même.

J'avais fait armer ces bataillons avec des chassepots, armes fort rares à cette époque, relativement à nos besoins, et que je n'avais voulu donner qu'aux troupes devant combattre en rase campagne. J'insiste sur ce point, certain que ces enfants de Paris en auraient fait un excellent usage contre l'ennemi.

J'ai la mémoire certainement aussi fidèle que M. le général Trochu peut l'avoir ; je n'ai aucun souvenir d'avoir entamé avec lui une polémique sur la destination à donner à l'armée de Châlons. Il a pu me parler de cette armée, mais tous ceux qui me connaissent savent que je n'ai pas l'habitude de discuter avec mes sous-ordres (le mot n'est pas de moi) quand il s'agit d'affaires de commandement.

Le général ajoute qu'il se sépara de moi dans un état de dissentiment profond ; il oublie donc qu'il ne pouvait alors exister de dissentiment entre nous : j'étais son chef, et, pour qu'il comprît bien notre position respective, je la lui rappelai en conseil des ministres.

Je trouvais que le gouverneur de Paris faisait de trop fréquentes proclamations ; dans l'une d'elles il disait aux mobiles venus du camp de Châlons qu'ils *avaient le droit d'être à Paris et d'y rester*. Déjà ces troupes avaient donné la preuve de la plus grande indiscipline au camp de Châlons, avaient proféré des cris séditieux : n'était-ce pas faire un nouvel appel à cette indiscipline que de reconnaître à des soldats *un autre droit* que celui d'une obéissance passive ?

A propos de cet ordre, je crus devoir lui reprocher de prendre trop souvent une initiative qui ne lui appartenait pas, en dehors du ministre de la guerre, et, fatigué des embarras qu'il suscitait chaque jour au gouvernement, je déposai mon portefeuille, et je ne le repris que sur les instances de mes collègues pour continuer avec eux la tâche ingrate qui nous incombait, et sous la condition que le gouverneur reconnaîtrait l'autorité du ministre de la guerre. Le général Trochu protesta de son *dévouement respectueux* pour moi : ce furent ses propres paroles.

Je crois devoir rectifier aussi le fait relatif à une interpellation adressée au général par un membre du conseil, qui lui dit qu'à tort sans doute, on lui prêtait des intentions peu favorables à l'Empire, et lui demanda comment il se comporterait vis-à-vis de l'émeute si elle venait à se produire.

Le général répondit en entrant dans une longue série de considérations morales, ne répondant pas à la question posée, sur laquelle on insista de nouveau pour avoir une réponse catégorique. Elle fut

détaillée, péremptoire, et se termina par l'assurance positive de son dévouement à l'impératrice
régente et au gouvernement de l'empereur.

M. le général Trochu se plaint de ne plus avoir
eu de communications avec moi; mais il ne tenait
qu'à lui d'en avoir en venant au ministère, où j'é-
tais absorbé par des occupations sans nombre.

Quant à sa présence au conseil des ministres, il
y fut appelé chaque fois qu'il se traitait une question rentrant dans ses attributions, et il y était
admis chaque fois qu'il le désirait. Mais je dois
avouer franchement qu'au milieu des affaires si
urgentes qui se traitaient dans ces moments criti-
ques, on redoutait généralement la longueur des
discours que le général entamait avec sa grande
facilité d'élocution.

Le général parle aussi de l'état de disgrâce dans
lequel il se croyait; cependant il était président
du conseil de défense, et un maréchal de France,
ainsi que plusieurs généraux d'un mérite incon-
testable, avaient accepté la position de simples
membres de ce conseil sans avoir cru à une disgrâce.

L'idée de me représenter comme lui étant hos-
tile provient certainement chez le général d'un
sentiment d'amour-propre blessé : car, dans une
des dernières séances du Corps législatif, un député de la gauche ayant émis l'opinion que la
Chambre devrait désigner un général pour prendre

le commandement, je répondis de la tribune que j'occupais en ce moment : « Je sais quel est le général dont vous voulez parler, mais je lui crois trop d'honorabilité pour accepter ce qui serait contraire à son devoir. »

Personne n'ignorait alors la confiance que l'extrême gauche de l'Assemblée accordait au général Trochu.

Le 3 septembre, il me semble qu'il eût été mieux de la part du général de venir me trouver pour se plaindre à moi des ordres directs que j'avais donnés au commandant de la place de Paris; j'aurais pu lui donner l'explication de cet ordre, qui n'a eu d'autre effet, d'ailleurs, que de blesser son amour-propre, puisque, quelques lignes plus bas, je vois dans son discours imprimé que, s'il eût été chargé de donner les ordres lui-même, l'événement eût eu le même résultat.

Dans la matinée du 4, le conseil se réunit comme d'habitude, et ne se sépara qu'à onze heures et demie, les ministres devant se rendre à la Chambre; il n'y avait donc auprès de l'impératrice régente aucune des personnes que leur devoir appelait ailleurs : tout le monde connaissait aussi bien que le gouverneur de Paris les périls de la situation.

Je quittai le dernier le Corps législatif. J'avais énergiquement lutté contre les émeutiers dans la salle des Pas-Perdus jusqu'au dernier moment, exposé aux brutalités d'une foule ameutée contre moi par un député de l'extrême gauche, et je ne fus arraché des mains de ces hommes égarés que par M. le lieutenant-colonel Barry, mon aide de camp, et M. le capitaine de Brimont, mon officier d'ordonnance.

Il me restait un dernier devoir à remplir, celui de me rendre auprès de l'impératrice régente.

Il était trois heures quand j'arrivai aux Tuileries ; à cette même heure la garde quittait ses postes et la foule avait envahi la cour et les appartements du palais ; l'impératrice était partie, personne ne savait où elle s'était retirée. Il m'était donc impossible de prendre ses ordres.

Je rentrai au ministère vers quatre heures ; la Révolution était maîtresse dans Paris par l'insurrection, toujours si coupable, mais surtout en présence de l'ennemi victorieux.

A cinq heures je reçus la visite de M. le général Trochu, venant m'annoncer qu'il me remplaçait au ministère de la guerre ; il ajouta qu'il désirait avoir mon opinion sur ce qu'il devait faire : il ne me parla pas de sa rencontre avec M. Jules Favre, non plus que de ce qu'il avait fait dans la journée.

Je répondis au général qu'au milieu de désordres qui pouvaient entraîner les plus grands malheurs, la présence des hommes d'ordre, comme lui, ne pourrait qu'être utile.

Il ne pouvait me demander et je ne pouvais lui

donner de conseils sur ce que sa conscience pouvait lui dicter. Je ne l'ai pas revu depuis.

Ce que dit M. le général Trochu de l'accablement douloureux dans lequel il me trouva est exact en tout point. Depuis la veille, je croyais mon fils unique tué à Sedan, et tous les pères peuvent apprécier quelle perte je croyais avoir faite!

Le sentiment du devoir à accomplir m'avait soutenu jusqu'au dernier moment, et j'en avais donné des preuves dans les journées des 3 et 4 septembre.

Je n'ai jamais été animé de sentiments hostiles contre M. le général Trochu; il m'a mis en quelque sorte en demeure de contester plusieurs de ses assertions, je ne l'ai fait qu'avec le sentiment de l'appréciation la plus impartiale et la plus véridique.

Veuillez agréer, etc.

FIN

PARIS

IMPRIMERIE JOUAUST

RUE SAINT-HONORÉ, 338

176